光中極尊

佛中之王

誰是我永久的依靠

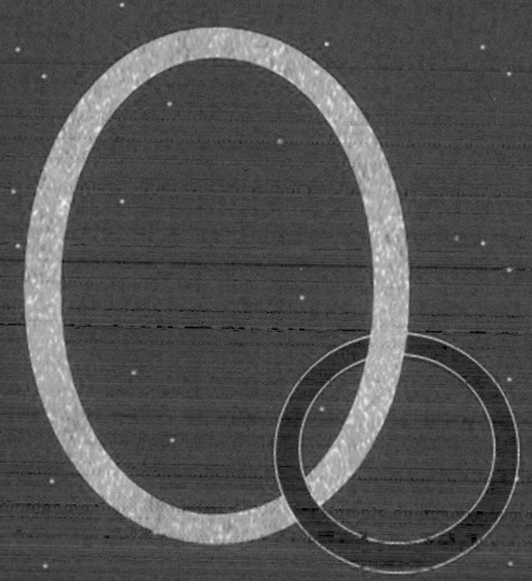

30分鐘帶你認識真正的阿彌陀佛！

在家念佛好輕鬆！快速提升念佛功夫！

色慾、煩惱、憂鬱，你辦不了的全交給彌陀辦！

觀世音菩薩都拜阿彌陀佛做老師了，你還在猶豫甚麼！

天界轉世 著

目錄

前言

世道艱難，需要貴人相扶。
災難太多，更是需要神助。
人力時有窮盡，
而阿彌陀佛神力無窮。
阿彌陀佛爲了我們而修道，
祂成道後回來找我們，
接受彌陀眞的不用害臊。
放下重擔，
把自己、把家人、把後代子孫，
都交給彌陀照顧，
彌陀愛的人在世享平安。
此生終了後，
跟隨彌陀到西方極樂世界去享福。
以上說的是眞的嗎？
怎麼我從來沒聽過？
以前沒聽過是緣分未到，
現在緣分到了。

第一部　光中極尊、佛中之王的阿彌陀佛

第 1 章　阿彌陀佛是誰？

從我們這裡往西方過去十萬億佛土，
有一世界叫做「極樂世界」，
阿彌陀佛是西方極樂世界的教主，
祂一手建立了極樂世界，
祂是「觀世音菩薩」的老師，
也是「大勢至菩薩」的老師，
祂在過去爲了救渡眾生發下四十八條大誓願，
經過兆載永劫的修行，
甚至爲眾生犧牲了無數次自己的生命，
最後祂成佛了。
上面這段話出自《佛說阿彌陀經》，
原文如下：
「爾時佛告長老舍利弗，
從是西方，過十萬億佛土，
有世界名曰極樂。其土有佛，
號阿彌陀，今現在說法。
舍利弗，彼土何故名爲極樂？

其國眾生，無有眾苦，
但受諸樂，故名極樂。」

第 2 章　阿彌陀佛的成道歷程

很久以前，
阿彌陀佛還沒成爲阿彌陀佛之前，
他是一位國王，
那時的世界上有一尊佛，
名爲「世自在王佛」，
當時還是國王的阿彌陀佛，
聽到了世自在王佛的說法後，
非常感動，
便捨棄了王位，
出家做了和尚，
法名爲「法藏」。
法藏比丘懷有大志向，
想要建立一個可以容納所有眾生、
廣闊恢弘、
美好永生的世界，
於是他跪在世自在王佛的面前，
讚嘆佛的功德，
並祈請世自在王佛告訴他如何建立一個可以

容納所有眾生、廣闊恢弘、
美好永生的世界，
經過世自在王佛的教導後，
法藏比丘明白了，
於是他發了四十八條誓願，
並積極修行，
爲了成就他的誓願，
經過很長的時間，
他成佛了，
名爲「阿彌陀佛」，
亦名「無量壽佛」，
亦名「無量光佛」。

第 3 章　阿彌陀佛四十八願

第一願。設我得佛。國有地獄餓鬼畜生者。不取正覺。

第二願。設我得佛。國中人天。壽終之後。復更三惡道者。不取正覺。

第三願。設我得佛。國中人天。不悉眞金色者。不取正覺。

第四願。設我得佛。國中人天。形色不同有好醜者。不取正覺。

第五願。設我得佛。國中人天。不悉識宿命。下至知百千億那由他諸劫事者。不取正覺。

第六願。設我得佛。國中人天。不得天眼。下至見百千億那由他諸佛國者。不取正覺。

第七願。設我得佛。國中人天。不得天耳。下至聞百千億那由他諸佛所說。不悉受持者。不取正覺。

第八願。設我得佛。國中人天。不得見他心智。下至知百千億那由他諸佛國中眾生心念者。不取正覺。

第九願。設我得佛。國中人天。不得神足。於一念頃下至不能超過百千億那由他諸佛國者。不取正覺。

第十願。設我得佛。國中人天。若起想念貪計身者。不取正覺。

第十一願。設我得佛。國中人天。不住定聚。必至滅度者。不取正覺。

第十二願。設我得佛。光明有能限量。下至不照百千億那由他諸佛國者。不取正覺。

第十三願。設我得佛。壽命有能限量。下至百千億那由他劫者。不取正覺。

第十四願。設我得佛。國中聲聞有能計量。乃至三千大千世界眾生緣覺。於百千劫悉共計挍知其數者。不取正覺。

第十五願。設我得佛。國中人天。壽命無能限量。除其本願脩短自在。若不爾者。不取正覺。

第十六願。設我得佛。國中人天。乃至聞有不善名者。不取正覺。

第十七願。設我得佛。十方世界無量諸佛。不悉諮嗟稱我名者。不取正覺。

第十八願。設我得佛。十方眾生至心信樂。欲生我國乃至十念。若不生者不取正覺。唯除五逆誹謗正法。

第十九願。設我得佛。十方眾生發菩提心修諸功德。至心發願欲生我國。臨壽終時。假令不與大眾圍遶現其人前者。不取正覺。

第二十願。設我得佛。十方眾生聞我名號係念我國殖諸德本。至心迴向欲生我國。不果遂者。不取正覺。

第二十一願。設我得佛。國中人天。不悉成滿三十二大人相者。不取正覺。

第二十二願。設我得佛。他方佛土諸菩薩眾來生我國。究竟必至一生補處。除其本願自在所化。為眾生故被弘誓鎧。積累德本度脫一切。遊諸佛國修菩薩行。供養十方諸佛如來。開化恒沙無量眾生。使立無上正眞之道。超出常倫。諸地之行。現前修習普賢之德。若不爾者不取正覺。

第二十三願。設我得佛。國中菩薩。承佛神

力供養諸佛。一食之頃不能遍至無量無數億那由他諸佛國者不取正覺。

第二十四願。設我得佛。國中菩薩。在諸佛前現其德本。諸所求欲供養之具。若不如意者。不取正覺。

第二十五願。設我得佛。國中菩薩不能演說一切智者。不取正覺。

第二十六願。設我得佛。國中菩薩不得金剛那羅延身者。不取正覺。

第二十七願。設我得佛。國中人天。一切萬物嚴淨光麗。形色殊特窮微極妙無能稱量。其諸眾生。乃至逮得天眼。有能明了辨其名數者。不取正覺。

第二十八願。設我得佛。國中菩薩。乃至少功德者。不能知見其道場樹無量光色高四百萬里者。不取正覺。

第二十九願。設我得佛。國中菩薩。若受讀經法諷誦持說。而不得辯才智慧者。不取正覺。

第三十願。設我得佛。國中菩薩。智慧辯才若可限量者。不取正覺。

第三十一願。設我得佛。國土清淨。皆悉照見十方一切無量無數不可思議諸佛世界。猶如明鏡睹其面像。若不爾者。不取正覺。

第三十二願。設我得佛。自地以上至于虛空。宮殿樓觀池流華樹。國土所有一切萬物。皆以無量雜寶百千種香而共合成。嚴飾奇妙超諸人天。其香普薰十方世界。菩薩聞者皆修佛行。若不爾者。不取正覺。

第三十三願。設我得佛。十方無量不可思議諸佛世界眾生之類。蒙我光明觸其體者。身心柔軟超過人天。若不爾者。不取正覺。

第三十四願。設我得佛。十方無量不可思議諸佛世界眾生之類。聞我名字。不得菩薩無生法忍諸深總持者。不取正覺。

第三十五願。設我得佛。十方無量不可思議諸佛世界。其有女人聞我名字。歡喜信樂發菩提心厭惡女身。壽終之後復爲女像者。不取正覺。

第三十六願。設我得佛。十方無量不可思議諸佛世界諸菩薩眾。聞我名字。壽終之後常修梵行至成佛道。若不爾者。不取正覺。

第三十七願。設我得佛。十方無量不可思議諸佛世界諸天人民。聞我名字。五體投地稽首作禮。歡喜信樂修菩薩行。諸天世人莫不致敬。若不爾者。不取正覺。

第三十八願。設我得佛。國中人天。欲得衣服隨念即至。如佛所讚應法妙服自然在身。若有裁縫染治浣濯者。不取正覺。

第三十九願。設我得佛。國中人天。所受快樂。不如漏盡比丘者。不取正覺。

第四十願。設我得佛。國中菩薩。隨意欲見十方無量嚴淨佛土。應時如願。於寶樹中皆悉照見。猶如明鏡睹其面像。若不爾者。不取正覺。

第四十一願。設我得佛。他方國土諸菩薩眾。聞我名字至于得佛。諸根缺陋不具足者。不取正覺。

第四十二願。設我得佛。他方國土諸菩薩眾。聞我名字。皆悉逮得清淨解脫三昧。住是三昧一發意頃。供養無量不可思議諸佛世尊。而不失定意。若不爾者。不取正覺。

第四十三願。設我得佛。他方國土諸菩薩眾。聞我名字。壽終之後生尊貴家。若不爾者。不取正覺。

第四十四願。設我得佛。他方國土諸菩薩眾。聞我名字。歡喜踊躍。修菩薩行具足德本。若不爾者。不取正覺。

第四十五願。設我得佛。他方國土諸菩薩眾。聞我名字。皆悉逮得普等三昧。住是三昧至于成佛。常見無量不可思議一切如來。若不爾者。不取正覺。

第四十六願。設我得佛。國中菩薩。隨其志願所欲聞法自然得聞。若不爾者。不取正覺。

第四十七願。設我得佛。他方國土諸菩薩眾。聞我名字。不即得至不退轉者。不取正覺。

第四十八願。設我得佛。他方國土諸菩薩眾。聞我名字。不即得至第一第二第三法忍。於諸佛法不能即得不退轉者。不取正覺。

第 4 章　光中極尊、佛中之王

淨土有很多，
許多佛都有淨土，
像「藥師佛」的「琉璃淨土」，
「彌勒菩薩」的「兜率內院」，
「阿彌陀佛」的「極樂世界」等等，
淨土雖多，
但其他淨土都得靠我們自己修行前往，
只有極樂世界的教主「阿彌陀佛」，
發下大悲誓願，
要在我們今生結束時親自來接我們，
前往極樂世界享受快樂。
此願此行超越一切諸佛，
威神光明最尊第一，
故十方諸佛同讚阿彌陀佛爲：
「光中極尊」，「佛中之王」。

第 5 章　阿彌陀佛在想甚麼？

阿彌陀佛能力極大，
福報極大，
他是極樂世界的教主。
極樂世界思衣得衣、思食得食，
整個世界黃金鋪地，
阿彌陀佛不用辛苦工作，
阿彌陀佛也沒結婚，
不用操勞子女和家事，
那麼阿彌陀佛每天在想甚麼？

經典上說阿彌陀佛每天都在想下面的事：
「輪迴諸趣眾生類，速生我剎受快樂。」
「常運慈心拔有情，度盡阿鼻苦眾生。」
「爲諸庶類，做不請之友。」
祂希望我們將煩惱生死交給祂承擔。
佛說：「荷負群生，爲之重擔。」
在我們沒有刻意請求下，
祂把「南無阿彌陀佛」六字名號送給我們。

佛說：「以不請之法，施諸黎庶。」
祂把我們當作祂的父母，
佛說：「如純孝之子，愛敬父母。」
祂把我們當作祂自己，
佛說：「於諸眾生，視若自己。」
相信祂，依靠祂的名號而得救，
而非靠我們自己那點微薄的修行力。
祂告訴我們，
只要願意相信祂，依靠祂，
程度差沒關係，
罪重的沒關係，
離地獄近的，甚至已經入地獄的，
——祂都救。
一旦我們依靠阿彌陀佛，
我們就是阿彌陀佛心愛的弟子，
受到阿彌陀佛的特別照顧，
同時受到「觀世音菩薩」、
「大勢至菩薩」、
「地藏菩薩」等大菩薩的特別照顧，
我們過去的罪業阿彌陀佛都替我們擔了，

我們不用以下三惡道的方式，
受盡折磨來償還我們過去無知欠下的債。

第6章　阿彌陀佛可以幫助我們甚麼？

阿彌陀佛對於願意依靠他的人給出十條承諾：

一、晝夜常得諸天大力神將並諸眷屬隱形守護。

二、常得二十五大菩薩，如觀世音等，及一切菩薩，常隨守護。

三、常為諸佛晝夜護念，阿彌陀佛常放光明，攝受此人。

四、一切惡鬼，若夜叉、羅剎，皆不能害；一切毒蛇、毒龍，悉不能害。

五、一切火難、水難、怨賊、刀箭，牢獄、杻械、橫死、枉死、悉皆不受。

六、先所作罪，皆悉消滅，所殺怨命，彼蒙解脫，更無執對。

七、夜夢正直，或復夢見阿彌陀佛勝妙色身。

八、心常歡喜，顏色光澤，氣力充盛，所作吉利。

九、常為一切世間人民，恭敬、供養、禮拜，猶如敬佛。

十、命終之時，心無怖畏，正念現前，得見阿彌陀佛及諸菩薩聖眾，手持金台，接引往生西方淨土，盡未來際，受勝妙樂。

第7章　依靠阿彌陀佛會讓我們被教條戒律綁住嗎？

阿彌陀佛知道我們守戒不容易，
特別是在這個誘惑特別多、
煩惱特別重的時代，
祂不會勉強我們守戒，
祂直接用他的威神力，
鎮住我們那顆蠢蠢欲動的心，
不讓我們造罪墮落。
已經造罪的，
祂會幫我們承擔。
阿彌陀佛也沒有說甚麼教條，
只說願意幫我們消除過去無知犯下的罪業，
讓依靠祂的人，
在世上安居樂業，
下一世生到極樂世界，
享受永恆的快樂。

第8章　我要怎麼做才能得到祂的幫助？

阿彌陀佛要我們一向專念「南無阿彌陀佛」就好了。

不用念其他尊佛，
不用持咒，
不用一直誦經，
不用一直拜佛，
不用一直觀想，
不用一直讚嘆。
這個方法很好，
很廣大，
怎麼說呢？
因爲有些人是文盲不識字，
要他誦經他有困難；
有些人腿腳不好甚至癱瘓，
要他拜佛他做不到。

此外要依靠阿彌陀佛卻念別尊佛的名號也有些奇怪，

既然是要依靠阿彌陀佛自然要念阿彌陀佛，

這相當合理。

第 9 章　如何生起信心？

這個法門跟一般做學問的方式不同，
一般做學問是要先研究分析，
搞懂後生出信心，
然後去實踐；
這個法門要求是聽佛的話，
先念，
念久了就生出信心。
念久了，
不僅會生出信心，
還會明白自身的潛力，
那隱藏在內心的「神識」，
終將浮出水面。

第 10 章　一個古老的預言

過去有一個預言說，
現代眾生靠自己修行，
不管你修的是甚麼法門，
都極難超越六道輪迴，
唯有依靠「阿彌陀佛」大誓願威神救度之力，
才能出離苦海。

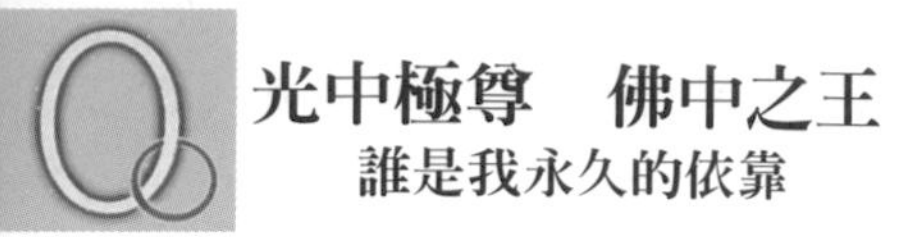

第 11 章　世出世間福報最大的就是念「南無阿彌陀佛」

「南無阿彌陀佛」六字蘊藏了阿彌陀佛過去世修行的功力在裡面，

名號本身就是一團光明！

名號本身威力無窮！

名號本身不可思議！

念這六個字就是在積福報，

而且是很大的福報，

比我們拿錢去做善事得到的福報更大。

第 12 章　觀世音菩薩是阿彌陀佛的弟子

觀世音菩薩稱阿彌陀佛爲「本師阿彌陀佛」。

觀世音菩薩說：

你們稱念我的名號，

更要稱念我的老師「阿彌陀佛」的名號。

許多觀世音菩薩像的頭頂都坐著一尊佛，

那尊佛就是「阿彌陀佛」，

這是對老師表達最高的敬意，

叫做「頂戴上師」，

表示時時刻刻都想念著老師的恩德，

謹記老師的教導。

將來阿彌陀佛退位之後，

會由「觀世音菩薩」接掌西方極樂世界。

觀世音菩薩希望大家都到極樂世界祂那兒去。

第二部　在家念佛好輕鬆，快速提升念佛功夫

第 13 章　念佛先從「聽佛號」入手

不管我們是用計數器或是佛珠來念佛，
都會要我們自己從自己的心中生出佛號，
然後念出來。
說起來簡單，
但實行起來並不容易，
特別是能夠做到長期，
更是不容易。
因爲我們自己的心中，
並不容易生出佛號。
有時我們還會想定個晚課的，
但也持續不了多久，
晚課時間到了，
我們可能正忙於工作，
或是正在追劇，
或是正在打遊戲，
或是其他更吸引我們的事，

我們會不想停下手邊正在做的事，
於是我們就不想做晚課了。
一次兩次之後，
慢慢地就開始懶了，
再過一陣子就沒再念了，
到後來就變成就只有偶爾念念，
想到才念。
這是方法選擇錯誤，
一開始不要要求自己念，
不妨用聽佛號的方式，
就是用念佛機播放佛號給自己聽，
純粹播放，
不要求自己用心聽，
但是有一個要求，
念佛機不能距離自己太遠，
要放在一個手臂的距離以內，
這樣在自己的耳朵附近播放念佛聲音。
原因是甚麼呢？
我們腦子裡有一個「東西」，
它會自動把佛號聽得清清楚楚，

聽得明明白白，

而且記得牢牢的。

所以念佛聲音是播放給腦海中那個「東西」聽的，

它才是修行的主體，

外面的佛號透過我們的耳朵，

會傳達給那個東西，

而那個東西聽了佛號就會進行轉化變化，

它變得越來越清淨，

你就妄念越來越少，

它變得越來越通暢，

你的氣就越來越順，

越不容易發脾氣，

而那個東西不是我們刻意用意識能掌控的。

第二個要求是要「長時間」播放，

比如說早上 8 點上班時，

一到公司就把念佛機打開，

小聲地播放，

只給自己 1 人聽到，

免得影響到別人，

一直播放到下班。

每天如此，

你不用刻意去聽，

有時你想跟著念時也可以跟著念。

第三個要注意的是，

如果感到從心中生出一股反感或反抗的力量時，

可以把念佛機關起來，

休息半天或一天，

不要勉強，

然後繼續播放，

當你漸漸適應聽佛號後，

你可以加長播放時間。

比如說下班開車時，

或是回到家後，

不論是看電腦，

追劇，

打遊戲時，

你都可以把念佛機放在距離耳朵一手臂的距離內播放，

慢慢地逐漸加長時間，
不要勉強。
然後睡覺時也可以把念佛機放在床頭櫃上，
小聲地播放。
睡覺時不用過於專注念佛，
以免睡不著，
放輕鬆的用聽的，
或是跟著輕輕地念也好。
要注意的是躺在床上佛號不能念出聲，
出聲念久了會傷身。
念佛機念佛聲的選擇要適合自己，
不要太快的，
慢慢的念，
心比較容易靜。
久久你會發現，
心裡的那個「東西」，
它不想離開佛號，
或者說它被佛號黏住了，
這是功夫初步小成。

第 14 章　佛號聽熟了再用「十念記數法」

當你有時一個人靜靜地坐在家中聽佛號時，
你會突然想跟著念，
這時你可以一邊跟著念佛機念佛，
一邊採用「十念計數法」。
甚麼是「十念計數法」呢？
就是使用計數器，
或佛珠，
或是自己的手指，
每念十聲佛號就撥動一顆佛珠，
每念十聲佛號就撥動一顆佛珠，
如果你覺得念十聲佛號撥動一顆佛珠很難，
那麼可以先從每念 3 聲佛號撥動一顆佛珠開始，
久了習慣了，
再每念 4 聲佛號撥動一顆佛珠，
慢慢進步到每念十聲佛號撥動一顆佛珠。

這樣一段時間後，
你會體會到一種特別的專注與寧靜，
這是功夫達到中階水準了。
如此繼續下去，
久久就能達到一心不亂的定境了，
這是功夫大成了。
提醒：若是打坐修定時不要掐珠。

第 15 章　念佛心法

念佛心法是「大勢至菩薩」傳下來的，

出自《大勢至菩薩念佛圓通章》。

大勢至菩薩是阿彌陀佛的弟子，

也是阿彌陀佛的助手，

祂是來幫助阿彌陀佛救度眾生的，

祂說佛念我們就像母親時時思念孩子一般，

可是我們通常不會時時想念自己的母親，

如果我們念佛能做到像孩子時時思念母親一般，

那我們離佛就不遠了。

第三部　色慾、生氣、憂鬱，你辦不了的全交給彌陀辦！

第 16 章　認清事實：人生在世很多時候我們無能爲力

我們無法改變甚麼，
有時一件小事不順就能讓我們抓狂，
怒火就像巨大深湧的火河，
把我們燒裂、燒乾，
色慾就像巨大深湧的水河，
把我們吞沒、淹死。
我們根本無法抵擋，
我們也不知道自己爲何會憂鬱。
但是阿彌陀佛祂知道，
阿彌陀佛祂有能力幫助我們，
阿彌陀佛的作法就是以祂的大神通力，
變化出一條白色的道路，
穿過火河和水河，
伸到我們的面前，
然後祂在對岸大聲疾呼，
快過來啊！

快過來啊！
我能保護你！
祂要我們不要只顧著看火河和水河，
看了也沒用，
火河跟水河不是我們能降服的，
祂要我們趕快走上白道，
到對岸到祂那去。
所以我們發不發脾氣，
對祂來說不重要，
我們色慾重不重，
對祂來說也不重要，
祂只要我們趕快走上白道，
走向祂，
祂能保護我們。
祂想保護我們。
到了對岸，
我們就不會再受到發脾氣和色慾重的傷害了。
到了對岸，
我們也不會再憂鬱了。

白道就是「南無阿彌陀佛」六字名號。
如今阿彌陀佛把祂的名號伸到我們面前，
抓住這個名號，
經常稱念「南無阿彌陀佛」，
就等於上了白道，
色慾重不管，
我只管念「南無阿彌陀佛」；
脾氣來不管，
我只管念「南無阿彌陀佛」。
我們管不了的事都交給彌陀管，
我只管念「南無阿彌陀佛」。
「南無阿彌陀佛」。
「南無阿彌陀佛」。
「南無阿彌陀佛」。

第 17 章　謗法、五逆、十惡一樣救

有人會一直想自己過去犯下的罪惡，
深自懊悔，
想到讓自己心裡出問題，
其實眞沒必要，
你過去無知犯下的那些罪惡，
在阿彌陀佛的眼中眞的是不值一提，
像芝麻一樣小的事，
阿彌陀佛能救嗎？
能！
下面我舉幾七個例子：

（一）「謗法的印光大師」——本文摘自網文《中文百科》「印光法師」

「謗佛」、「謗法」在佛教來說是第一重罪，
淨土宗第十三代祖師印光大師，
年輕時是崇尚儒學的，
他不了解佛教，

因無知犯下謗法罪，
而生病數年，
後來他了解佛教了，
趕快懺悔改進，
他自稱是常慚愧僧，
後來他成爲佛門一代高僧。

（二）「出佛身血的提婆達多」——本文改編自網文「中台世界」佛典故事《提婆達多妙行方便》

「五逆罪」是佛門第二種重罪，

包含殺父、殺母、殺阿羅漢，出佛身血，破和合僧等五種。

提婆達多是釋迦牟尼佛的弟子，
他因爲忌妒釋迦牟尼佛受人恭敬供養，
而心生怨恨，
想要害佛。
一次他從山上推下一塊石頭，
砸到佛的腳趾而讓佛流血，
提婆達多因此罪惡就下了地獄，
佛陀派遣弟子去地獄問候他，

並對眾弟子說：
大家不要以爲提婆達多下地獄就是惡人，
我就是因爲提婆達多才能快速成佛，
所以我很感念提婆達多的恩德。

（三）「殺父的阿闍世王」——出自《觀無量壽佛經》

阿闍世王前世是一位修行人，
他被國王殺害後，
投胎做了國王的兒子。
阿闍世王長大後，
因聽信提婆達多之唆使，
便把父王於幽禁地牢中，
把他害死。
阿闍世王即位後，
因殺父之罪而全身長瘡，
他到佛前懺悔後身體痊癒，
於是他皈依了佛陀。
佛陀滅度後，
阿闍世王成爲佛教教團的大護法。
佛記他未來世不但得生天之福樂，

且終成就辟支佛果。

（四）「殺人魔王鴦掘魔羅」——出自《阿含經故事集》

佛教十惡是指：殺生、偷盜、邪淫、妄語、兩舌、綺語、惡口、貪、嗔、癡。

其中較重的是「殺生」和「邪淫」。

佛說：「殺生者，當入地獄、餓鬼、畜生，即生人中得殘廢、短命、多病的苦報。」

古時候的印度有一人叫做「鴦掘魔羅」，
他長得年輕英俊而且很孝順，
長大後他跟從一位老師學習，
沒想到老師的太太看上他，
求愛被拒後，
師母就故意陷害他，
跟她的先生說鴦掘魔羅要強暴她，
他的老師聽了很生氣，
便想出了一個毒計。
他假意跟鴦掘魔羅說：
要教他一個快速成道的祕法，
這個祕法就是站在大街上，

見人就殺，
殺滿一千人就可以得道。
鴦掘魔羅誤信老師的話，
真的跑去殺人，
殺到第 999 人時，
他已經失去理智了，
遇到釋迦牟尼佛，
他想要殺釋迦牟尼佛，
但是受到釋迦牟尼佛的感化，
鴦掘魔羅清醒了，
他放下屠刀，
後來證得阿羅漢果。

（五）「佛度妓女」——出自《法句譬喻經》

佛說：「邪淫者，當入地獄、餓鬼、畜生，即生人中得不貞良妻、不如意眷屬。」

古時候有一位非常美麗的女子，
她是一位妓女，
名叫「蓮華」，
她的容貌當世無雙。
許多豪門子弟都很仰慕她，

多拜倒在她的石榴裙下。
然而這樣的生活過久了，
蓮花有時會感到心靈的空虛，
有一天，
她突然感到厭煩了夜夜笙歌的生活，
決心出家修行，
於是她前往佛的所在地。
路上，
她走到一條清澈的小溪時，
她蹲在溪邊飲水，
看到水面上映出了她美麗的容貌。
這時她突然感到後悔了，
自言自語道：
「我長得這麼美麗，
又有這麼多人追求，
我爲什麼不趁年輕去享受無盡的男女之歡，
幹嘛要出家去過清苦的日子呢？」
於是，她又轉身想走回家。
此時從遠處走來一名少婦，
這名少婦是佛變化的，

少婦美豔動人更超過蓮花。
讓蓮花看了都自慚形穢，
這名少婦也停留在溪邊休息，
不一會兒，
美少婦突然間死去，
身體腐爛發臭，
體液流出，
全身都是蛆在鑽動。
蓮花看了嚇得魂都飛了，
她心想：
好好的一個人，
怎麼就這樣死了呢？
這麼美麗的女人怎麼轉眼間變成了腐爛發臭的屍骨？
這麼美麗的女人都會這樣，
那麼我呢？
看來還是要找尋解脫之法，
才能享受到永恆不死的快樂。
她後來出家了，
證得阿羅漢果。

（六）「難陀爲了美女而修行」——本文改編自網文佛弟子文庫《難陀捨愛出家的故事》

色慾有時可以成爲修行的動力。

「難陀」是釋迦牟尼佛同父異母的弟弟，

他娶了一個貌美如花的妻子，夫婦新婚燕爾。

但他也非常羨慕佛陀的功德，也想跟佛陀出家，

只是因爲與嬌妻難捨難分的矛盾。

佛陀了解他的心態，

便運用神通力將難陀帶到了天上，

難陀見到了金碧輝煌的天宮，

聽到了悠揚的天樂聲，

整個人身心都愉悅了起來。

漫步在天上，佛陀跟難陀看見了幾位美妙絕倫的少女在那裡遊戲，她們見了佛陀，都來作禮，鞠躬問訊。

佛陀問其中一位天女說：「你已經婚配了沒有？」

天女含羞的回答說：「還沒有呢！」

佛陀又問：「爲什麼還不婚配呢？」

天女說：「我的婚緣還沒有成熟，我未來的丈夫，現在還在娑婆世界的人間修行，名叫難陀，要等他的人間報盡，生到天上來的時候，我就要和他婚配，我現在還在等著呢！」

難陀心想：「我人間的妻子，哪裡比得上天女的美麗的百千萬分之一呢！」

難陀回到人間後就開始努力修行了！

（七）「龍樹菩薩往生極樂世界」——本文出自佛經《龍樹菩薩傳》

龍樹菩薩這個人很有個性，

他的出生是「釋迦牟尼佛」之前有預言過的，

龍樹菩薩自幼聰穎過人，

是學霸級人物，

長大後窮極無聊下，

和友人一起學隱身術，

潛入國王後宮，

把美人肚子搞大了，

他的友人被亂刀砍死，

他本人僥倖逃過一劫，
自此洗心革面，
專心學習佛法，
後來廣造論著，
有「千部論師」之美名。
他後來生到西方極樂世界。

第 18 章　向阿彌陀佛祈禱

祈禱可以拉近我們和阿彌陀佛的距離，
可以隨時隨地向阿彌陀佛祈禱，
請求阿彌陀佛幫助。
下面是我常用的一篇祈禱文供大家參考：
「敬愛的阿彌陀佛，
感恩您將您兆載永劫修行的功德，
融入名號賜給弟子，
讓能夠稱念您名號的弟子，
能夠在這茫茫的生死大海中得到解脫，
非常的感恩您，
弟子在此竭誠的祈願，
願您能做弟子生命的救主，
心靈的導師，
引導弟子一步步走向您的懷抱，
感恩您。
南無阿彌陀佛。
南無阿彌陀佛。
南無阿彌陀佛。」

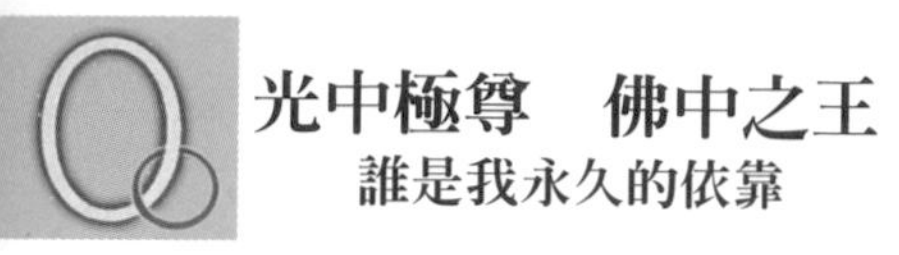

第 19 章　迴向的妙用

我們自己念「南無阿彌陀佛」時，
這句名號就包含了迴向，
不用再刻意迴向給自己。
但是若要將功德幫助別人，
則需刻意迴向。
迴向給一切眾生：
「願以此功德，
平等施一切，
同發菩提心，
往生安樂國。」
（以上迴向文是「善導大師」所作）
功德迴向給別人，
自己功德不會減少，
還會增大，
非常不可思議！
功德迴向給祖先（父母，小孩，其他人）之法：
心念一動就是迴向。

功德迴向小動物之法：

心念一動就是迴向。

參考「淨宗法師」著作《動物往生佛國記》。

求妻之法：

參考「印光大師」作「求妻疏」。

以上網路均可搜尋得到。

第 20 章　只有我們會放棄自己，彌陀不會放棄我們

有一件事我們應該要知道，
只有我們會放棄自己，
放棄彌陀，
彌陀是不會放棄我們的！
或許我們會忘記彌陀，
但彌陀從來沒有忘記我們。

第 21 章　出家修行 VS 在家修行

出家修行是拜「釋迦牟尼佛」爲老師，
修的是釋迦牟尼佛的法。
在家修行是拜「阿彌陀佛」爲老師，
修的是阿彌陀佛的法。
釋迦牟尼佛的法要靠自己修，
靠自己理解，
從聞思修入三摩地，
依戒定慧滅貪瞋癡。

阿彌陀佛的法是依靠阿彌陀佛大威神力救度之法，
貪瞋癡交給彌陀辦。

第 22 章　修行要很久才有效果？

這要看緣分，
有人的緣分好遇到好老師，
一下子就被帶著飛上天。
最好的老師就是「阿彌陀佛」！
祂能讓你今世得安樂，
今生結束後再把你接去極樂世界享受快樂，
在極樂世界他還會說法給你聽，
讓你更進一步！

第 23 章　修行一定要靠自己？

佛並沒有規定我們一定要靠自己苦修，
阿彌陀佛希望我們靠祂。

第 24 章　婚姻的難題交給彌陀處理

婚姻中的難題太多，
靠自己真是不容易，
試著交給彌陀處理，
或許能減輕一些心理壓力。
以佛教的眼光來看，
婚姻有四種因緣，
一是共同享福，
二是償還罪業，
三是共同生育子女，
四是有智慧的人透過婚姻快速成道。

第四部　我前世今生如何修行的？

第 25 章　誰把我喚醒？

我的前世是禪天的天人，

本來一個人端坐在宮殿的寶座上好好的，

大殿四周靜謐無聲，

我閉著眼沉浸在禪悅中，

享受著喜悅像泉水一般從心中湧出的快樂而不可自拔，突然，

我醒過來了，

我睜開惺忪的雙眼當場就懵了，

我心裡想著發生甚麼事了？

我怎麼醒了？

然後我就看到遠處的地上有 1 個地方亮亮的，

有甚麼在走來走去，

然後我就被一股莫名的難以抗拒的力量吸扯著往那飛去，

只見我越飛越近，

越飛越近，

我漸漸看清楚地上那發亮的是一排稀疏的燈光，

一條馬路上的燈光，

我心想這是怎麼了？

我沒想來這啊！

然後我就失去意識了。

或許有人會問：

「禪天在哪？」

在這裡我稍微做個說明。

我們這個人世界頭頂上的天空是四天王天，

四天王天之上是忉利天，

再往上依序是夜摩天、兜率天、化樂天、他化自在天、

四禪天、四空天，

越往上福報越大，

壽命越長，

享受到的快樂也越大，

像四天王天他的 1 天就是我們人間 50 年，

生到禪天的人出生時自帶宮殿寶座，

坐在宮殿寶座上，

時時刻刻都會享受到喜悅從內心噴出的快樂感受。

第 26 章　我的前世

我的前世是位武將，
活在戰亂時期，
細節我已無從記憶，
記憶較深的就是我打仗屠城，
之後一直被人追殺的記憶，
現在想想屠城眞是不太好，
以後我不會再屠城了。
記憶的一幕是我當時坐在一個石墩上，
下巴抵在握住寶劍劍柄的手背上，
安安靜靜的看著前方不知道在想些甚麼，
前方是一座城池，
一座剛被攻破的城池，
我仇敵的一家子人都住在裡面，
我不記得這個仇是怎麼結下的，
只記得爲了攻破這座城池，
我費盡了心力，
似乎還傷亡了好些兄弟，
我的心中充滿了疲憊、不耐煩與憤怒，

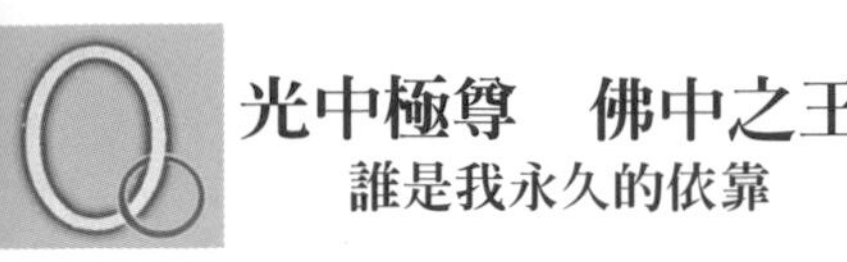

於是在城破之時我在氣憤下命令手下帶隊官前去屠城。

我經常在半夜醒來，
坐在床上大口喘著氣，
屠城後我不斷地做著噩夢，
城破時的慘象一直縈繞在腦海中，
讓我睡不好，
我坐在床上沉思了許久，
我心中作了一個決定。
我找到了一間小寺廟，
跟隨廟裡的老和尚出家修行，
主要是學打坐，
老和尚說打坐可以靜心，
老和尚跟他說學打坐要先戒殺，
你做得到嗎？
我咬咬牙說：「能！」
老和尚又問，
若是你的仇家跑來要殺你，
你該如何？
我知道自己的個性很硬，

不是那種打不還手任人宰割型，

我心裡當然是想跟他對打拼個輸贏啊！

甚至玉石俱焚也在所不惜！

只是這樣我不就又犯殺業了嗎？

眞難！

我心想站在那邊任由對方殺的話我是眞的做不到，

於是我愼重想了想對老和尚說說：「避開他。」

過了幾個月，

仇家眞的找來了，

一位中年將軍身著白色粗布衫，

拿著一口寶刀，

鼻子以上彷彿被一層白紗遮住，

我看不清楚他的臉，

只看到他咬牙切齒地瞪著我，

一副不肯善罷甘休的模樣

我心知先前屠城時把他全家都屠了，

對方恨死我是應該的，

但奇怪的是我就是不願低頭認錯，

我甚至心裡想：誰叫你先把我惹毛了！
但是我心中謹記老和尚的教導，
我真不願意再殺人了，
於是我轉身就跑，
對方拿著刀就跟著追過來，
就這樣一天一天又一天，
對方就是死追著我不放，
我當時心裡還蠻佩服這傢伙的毅力，
可以追我這麼久，
我心想這樣下去也沒甚麼意思，
後來乾脆躲到一個他找不到的地方，
我安頓下來後，
便照著老和尚教導的「數息法」，
每天苦修打坐，
有時好幾天都沒有吃飯，
隨著數息法越修越深，
我在死後升到了禪天。

第 27 章　我在人間開始新的生活

我大約是在 2 歲多時恢復前世的記憶，

我的寶座換成了我外公家半圓形藍白相間的藤椅，

那是我小時候最心愛的椅子，

前世的習慣還殘留著，

我常常端坐在上面，

靜靜的，

甚麼也不想，

安安靜靜的看著周圍的人來來去去，

心裡感到非常的寧靜、明亮、歡喜。

第 28 章　投胎轉世的感覺——換個地方過生活

我投生在中華民國台灣南部的一個大型眷村，

對我而言，

投胎轉世平淡無奇，

就像到外地旅遊一樣，

感覺就只是換個地方過生活而已，

其實大家都投胎轉世非常多次了，

只是大家不記得了，

我也不知道爲何我記得，

我無法解釋，

天人轉世人間眞沒甚麼神奇地，

到哪不是過呢？

我反而還有一點小興奮呢！

畢竟有一段時間沒來了。

我從來沒想到要跟人說我前世的事，

我心中對此並不太在意，

只是心中有時仍不免納悶，

心想為何我感覺在天上待不到 1 天我就又投胎了？

我不會是史上最短命的天人吧？

我的父親是位軍官，

民國 38 年時跟隨國軍部隊來台，

家中經濟尚可，

從小衣食無憂。

我的母親有手好廚藝，

我從小就非常有口福。

母親事奉外公外婆非常孝順，

在眷村裡頗負盛名。

母親還是一位虔誠的佛教徒，

從小就經常帶我去台灣南部佛教聖地「佛光山」遊玩，

雖然我那時對佛教教義不太了解，

但至少知道有「釋迦牟尼佛」，

有「觀世音菩薩」，

有「普賢菩薩」，

還有「文殊菩薩」。

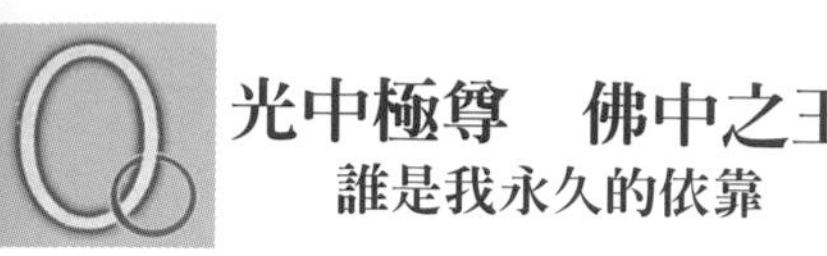

小時候的我還算聰明伶俐，
對眷村的爺爺奶奶們謙恭有禮，
很是受到大家的歡迎。
因為父親的工作還不錯，
我從小經濟生活還過得去，
平日放學就拿著零用錢輪流到眷村裡的幾家小商店，
買些零食來吃，
吃吃喝喝逛逛，
眷村裡面還有一個大廣場，
裡面有好多遊戲器材和昆蟲，
還有許多小夥伴陪著一起玩，
我的童年過得相當愜意。
小時候的我身體不好，
可以說是瘦弱多病，
那時我有一個壞習慣，
就是喜歡虐殺昆蟲取樂，
把蒼蠅的翅膀拔掉看牠們在地上爬，
或是用塑膠袋把蒼蠅罩住拍死，
用細繩綁在抓來的金龜子腿上讓他飛，

或是從夾縫中抓住蟑螂的鬍鬚把牠拽出來扔到地上摔死，

或是拿水灌進螞蟻洞裡把螞蟻淹死，

或是用羽毛球拍追逐著蜻蜓一搧下去把蜻蜓打到斷頭，

當時我只覺得好玩也沒想太多，

也不覺得殘忍，

也沒留意思索自己這個習慣怎麼來的，

只是順著自己的習氣而爲。

後來覺得這個習慣眞是不好，

到了高中我就改掉了。

第 29 章　我有一個比較不一樣的生命觀

因爲我有前世的記憶，
所以我確認我會有來世，
我會在意下一世去哪？
那地方好不好？
我有沒有選擇權？
我也願意爲了下一世能去個好地方而努力。
當然這一世我也不願過得太差，
至少要可以接受。
這世上大部分人似乎沒有前世記憶，
有些人也不相信有來世，
自然他們也不願意爲來生而努力。

第 30 章　我開始思考生命的意義是甚麼？

國中時不知怎地，
我心中一直會冒出「生命的意義是甚麼」？
「永恆的眞理是甚麼」？這些念頭，
雖然我從天界來，
但我在天界時只是一直坐在那兒享受快樂，
我並不知道生命的意義在哪？
我心想難道就是這樣一直順其自然的投胎？
一生一生又一生？
我開始問周邊的人生命的意義是甚麼？
沒有人能告訴我，
有的人還嫌我煩，
跟我說過好眼前的生活就好啦，
想那麼多幹嘛呢，
他們的話不僅沒能影響我，
反而讓我覺得奇怪，
感覺我們不是同類人，

現在想想，
或許是因爲他們沒有前世記憶的原因，
所以對這問題不在意，
但我不行，
我對這問題超在意的，
這個問題的答案對我而言比性命還重要，
畢竟死了也只是換個地方住而已，
換來換去的對我而言已經有點麻木了，
我反而覺得找到生命的意義比甚麼都重要！
於是我開始去書局找書來看，
特別是宗教學方面的書籍，
我對當時學校教的東西越來越沒興趣，
我只對國文有興趣，
我的學業成績逐漸下滑，
但我實在無心學業，
我只想要知道生命的意義是甚麼，
在找不到答案，
又被學校學業成績壓力壓迫時，
我很不快樂，
但我發現周邊的同學、老師都是認同這種生

活方式的，

包含我的父母，

我感到有些無語，

我開始懷念過去在天上的快樂時光，

我忽然覺得人世間的生活雖然花樣繁多，

有吃有喝又有小夥伴可以玩的，

但似乎沒有天上快樂，

天上雖然安靜得像個墳場，

也沒人做伴，

但那心中湧出的喜悅滋味眞不是世間人可以體會得到的，

當然更不會有人來逼我學一些我沒興趣的東西，

自然更不會有專制政府壓制剝奪人的自由，

六欲天之下才會有這種組織，

到了禪天大家都獨來獨往了。

而且來到人間後，

我失去飛行的能力了，

這一開始讓我很不能適應，

於是我心中萌生出「我要回去天上原來的地

方」這樣的想法，

但我不知怎麼回去。

有一天，

我看到一篇故事，

出自佛教《法句經故事集》，

描寫「花佩環天」的天女在花園中採花時忽然壽命盡了，

投胎到人間，

天女的前世記憶還在，

她一心只想回到花佩環天，

她在人間經歷生老病死、

結婚生子、

生活上的種種艱辛磨難，

她都不吭聲，

她一心只想回到花佩環天，

後來她死了，

忽然又回到花佩環天花園中，

在天上才過了一會兒時間，

這故事給了我很大的鼓舞，

我相信我也可以，

那時我心裡想的就是：「我要再回到我原來的地方」。

第 31 章　眞的有光！受洗時我看到的奇景

高中時我讀的是天主教學校，

有一天教導主任問班上同學有沒有人對天主教有興趣的啊？

我跟我的一位同學兩人舉手，

於是主任每周都會單獨安排時間，

給我和同學兩人講述聖經道理，

聽了一陣子後我覺得滿歡喜地，

特別是耶穌行神蹟走在海上的那段，

讓我感到特別親切，

於是我就決定受洗了，

我的同學也受洗了，

當時是校長神父在禮堂給同學們受洗的，

大家站成一排，

當校長拿水灑在我的頭上時，

我看到我的頭頂突然打開，

一道白色光柱從天上降到我的頭頂上！

那時我就知道自己死後會升天了。

只是這個天和我原來的天感覺似乎不太一樣。

因爲這個機緣我認識了天主教，

認識了天父，

耶穌基督，

摩西十戒和眞福八端，

我在周日喜歡去教堂讀聖經，

唱詩歌，

我和我的同學還負責在神父講道時搖鈴鐺和端葡萄酒，

這些都讓我覺得很有意思。

我對於天主教的認知不是人要修到甚麼程度才能進天國，

而是當人受洗時天主就已經允許你進天國了，

當然這天國是包含了地上和天上的，

天上是管理層住的，

要不結婚的人才能進去，

大部分的人還是住在地上，

而人只要依照天主的教誨過好在地上的生活就好了。

我覺得天主教這個教很不錯，

我的聖名是「聖伯多祿」，

是班上一位早已受洗資深天主教友讓我抓鬮抽來的，

寓意是「磐石」，

我很喜歡這個名字，

堅若磐石，

中流砥柱，

那時我很喜歡看著天空，

經常想著天空是上主的寶座，

大地是上主的腳蹬，

我特別喜歡「天主十誡」與「眞福八端」。

我對各個宗教都充滿好奇，

不會排斥，

因爲我只想回去原來的地方，

而且都是在天上嘛，

以前可能是上下層或左右鄰居，

但不可諱言的是我對天主的來歷有點疑惑，

這或多或少有點影響我的信仰。

聖經說：

「太初有道，

道與神同在，

道就是神。」

這讓我難以理解，

我心想聖經如果能把天主的來歷說清楚那就更好了。

第 32 章　靈識啓蒙

高中時代班上有一位同學叫「阿峰」，

他跟我一樣喜歡探究生命的意義與修行，

有一次我們一起到書局看書時看到到「盧勝彥」先生寫的《啓靈學》這本書，

當時我們兩人覺得很有意思，

盧先生著作中記載著一篇故事，

大概是說有兩位修行人相約上山修行，

一人住在山這一邊，

一人住山的另一邊，

一人主修「大悲咒」，

一人主修「往生咒」，

修往生咒的人能感召土地神來送東西給他吃，

於是這位修往生咒的人就邀請修大悲咒的人前來做客，

說等會就會有土地神送東西來給我們吃，

於是兩人一邊等待一邊各持各的咒，

到了中午土地神沒來，

到了下午土地神沒來，
到了晚上土地神還是沒來，
隔天持大悲咒的修行人就回去了，
他回去後土地神出現了，
持往生咒者對他埋怨道：
等了你 1 天了，
你去哪了？
土地神回答說：
我昨天中午就來了，
可是看到前門有金甲神守衛著，
我進不來，
我就繞到後門，
結果後門也有金甲神守衛著，
我根本進不來，
好不容易才等到金甲神走了，
我才能進來。
我跟阿峰覺得很有意思，
於是我們兩人仿效故事記載，
阿峰選擇修大悲咒，
而我選擇修往生咒。

持著持著，

有一天我看到幾隻死螞蟻，

忽然覺得它們很可憐，

我以前是從來不會覺得螞蟻可憐的，

於是我對著它們念往生咒，

忽然我感到身心進入一種溫暖舒服的奇妙狀態，

可能是生出一點慈悲心吧？

我原本體弱多病的身體竟漸漸好了起來，

之後我就把恣意虐殺昆蟲的惡習改掉了。

這番經歷讓我對「心念」、「靈識」有了新的認識，

說實在的，

我以前修禪定是硬修上去的，

用力把情緒壓制住，

專注在修數息上面而生天界，

就好比石頭壓草，

石頭拿掉草又生出來了，

我對心念和靈識其實沒有研究，

這次因爲對螞蟻生出了慈悲心，

對它們誦往生咒，
就讓我的身心起變化，
身體越來越健康，
這倒是我以前沒接觸過的，
我對心念和靈識開始產生了好奇。

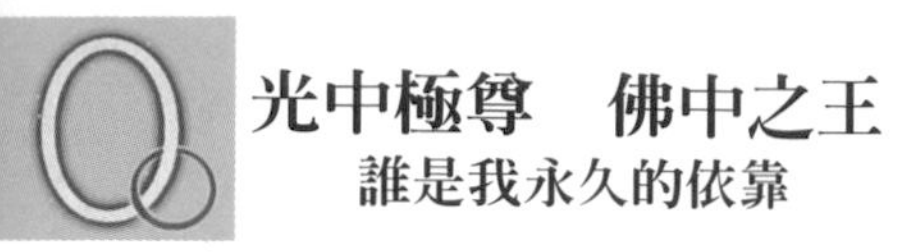

第 33 章　年幼無知——我不小心把自己封印了

我在讀高中這段時間，

在書局看到了《印度瑜珈腹式呼吸法》和《因是子靜坐法》，

這兩本書非常吸引我，

於是我在家自己練起了腹式呼吸和打坐，

腹式呼吸分爲順腹式呼吸與逆腹式呼吸

我練的是逆腹式呼吸，

打坐主要是修數息，

吐第 1 口氣時數 1，

吐第 2 口氣時數 2，

以下類推，

吐第 9 口氣時數 9，

然後同樣的方法從 9 到 1，

如此循環往復。

當時我也坐不久，

一次坐大概 15 分鐘，

這樣大概練了 3 個月吧，

有一天打坐時我忽然感到身上有東西從身上掉落在床上，

那東西看不見，

讓我感到很奇怪，

我也不知那是甚麼東西，

但過了沒多久，

我就發現此後不管行住坐臥，

我的心都處在一種不同於平常的安定之中，

那久違的內心像泉水般湧出的喜悅又出現了。

這讓我很驚喜，

但是它有一個缺點，

就是它讓我看起來太穩重老成了，

跟我的年紀實在不相符，

於是有人開始嘲笑我像個小老頭，

一位 16、17 歲的小老頭，

想想多可怕！

我也不想以這種狀態過一生，

這讓原本就有些孤僻的我顯得更加與人格格不入了，

於是我就想說先把這種狀態破掉好了，

當時我有點過於自負，

心想以後隨便修修就可以再修回來了，

於是我就每天亂蹦亂跳的，

亂用呼吸引導的方式把定功給破掉了，

後來糟糕了，

我發現我不能再打坐了，

只要我一雙腿盤坐數息時，

我的心口就好像被氣堵住一般根本無法呼吸。

試了很多次都不行，

我真的傻眼了，

從此我失去定境，

更無法再修回來，

連帶出現了一些後遺症，

這對當時的我打擊很大，

我一直以來覺得可以依靠的就是我修禪定的天賦，

這下被我搞沒了……，
好在隨息還可以，
不然我眞的慘了。

第 34 章　數息氣被封住之後產生了許多後遺症

被封住前我在人間的心態是很輕鬆，
我覺得我好像就是來人間旅遊的，
看看這世上的人在做甚麼，
這邊吃吃喝喝，
那邊走走玩玩，
總覺得只要我認眞修一下就可以修回去，
不過我還小，
還沒玩夠呢，
修行先不急。
此外在定境中我的內在清晰明亮，
我明顯的知道死的只是身體，
我不容易受到外境的影響，
但是被封住後我的心開始散亂，
開始受到外境的影響，
我常常被迷住，
認爲這個身體就是我，

一會醒一會迷的，

我沒有把握面對死亡時還能穩得住！

場面有點失控！

我開始緊張了！

我沒了遊玩的興致，

我開始認真地思索我該怎麼辦？

首先想到的是有沒有辦法能把這「封病」治好？

或者找到新的修行方法讓我能回到從前的狀態，

我還想更進一步找到我生命的意義。

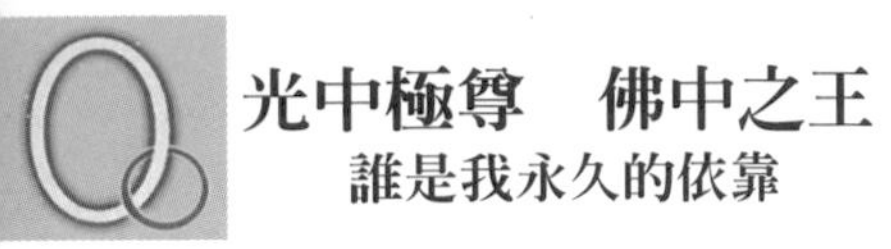

第 35 章　找尋新的道路——佛教

大學時期我加入了 1 個叫「東方文化研究社」的社團，

因為在招生會場看到了鶴立雞群的社長，

覺得非常投眼緣，

便加入了，

這個「鶴立雞群」不是社長特別的高大帥，

而是他安靜地站在那，

也沒看他在拉人的。

這個社團雖然名為「東方文化研究社」，

但它實際上是一個佛教社團，

有一年暑假期間，

社團舉辦了一次台灣環島寺廟之旅，

我也參加了，

去了好幾間寺廟，

其中有一站是到南投縣埔里鎮的「靈巖山禪寺」，

那時的住持是「妙蓮老和尚」，

我記得那時大約是清晨 5 點多，

在靈巖山寺大殿大家做早課時，

我聽到大眾念佛聲悠然地從大殿向遠方傳出時，

我突然產生了一種難以言喻的寧靜喜悅感受，

後來我皈依了妙蓮老和尚，

老和尚給了我一個法名叫做「智迦」，

那時我只知道這間寺廟是屬於佛教「淨土宗」的，

但不知道「淨土宗」是什麼，

只知道跟著妙蓮老和尚四聲調的念「南無阿彌陀佛」，

念「南無觀世音菩薩」，

心裡就覺得特別舒服。

差不多這個時期我還有幸讀到了「星雲大師」所寫的《佛陀傳》與《十大弟子傳》這 2 本書，

讓我深受感動，

特別是佛陀「四門遊歷」的情景，

佛陀爲了解決眾生「生、老、病、死」的問

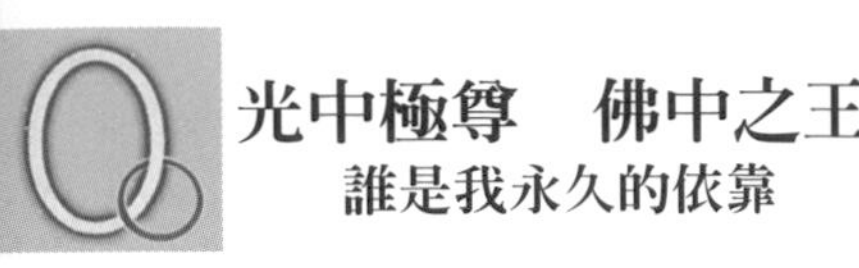

題而出家訪道修苦行的一幕幕，

彷佛就在我的眼前展開。

《娑婆教主釋迦牟尼佛的一生》——本文改編自《釋迦譜》。

我們這個世界叫做「娑婆世界」，

離我們最近的一尊佛，

是 2500 多年前降生在地球的「釋迦牟尼佛」。

附帶一提：

未來很久以後還會有一尊佛降臨人間，

祂叫做「彌勒佛」，

未來彌勒佛現在只是菩薩還不是佛，

祂住在欲界天第四層天「兜率天」的內院。

目前我們所知道的佛法都是「釋迦牟尼佛」告訴我們的，

所以我們尊稱釋迦牟尼佛爲「娑婆教主」，

或是「佛教教主」。

釋迦牟尼佛是以凡人身來的，

祂的父親是一位國王，

所以釋迦牟尼佛是一位王子，

祂跟一般人一樣都是吃著世間的食物慢慢長大，

祂也是需要學習的，

只是祂的資質很好，

領悟力、學習力都是上上之姿，

看甚麼一看就懂，

學甚麼一學就會，

不僅如此，

祂的體能還很強，

相傳祂能夠舉起一隻大象。

釋迦牟尼佛年輕時有點不食人間煙火，

因爲當時有位預言家預言太子長大後會拋棄王位跑去出家，

所以他的父親非常害怕祂長大後眞的出家當和尚，

所以限制祂出宮，

所以祂並不了解外面的人是甚麼狀況。

有一次祂跟馬伕偷偷跑去王宮外遊玩，

到了東城門時，

恰好看見一位老人，

白髮蒼蒼，
拄著拐杖，
路都走不動，
全身皮膚皺得跟雞皮似的，
讓他嚇了一跳！
祂連忙問車夫那是甚麼？
車夫回答祂說那是「老人」，
每個人年紀大了就會變這樣，
王子聽了心中感到既訝異又鬱悶。
第二次他又跟馬伕偷偷跑去王宮外遊玩，
到了南城門時，
恰好看見一位病人，
全身長滿了疥瘡，
身子忽冷忽熱的，
神智不清的打著擺子，
這讓他又嚇了一跳！
祂連忙問車夫那是甚麼？
車夫回答祂說那是「病人」，
每個人都難免生病，
病了就會變這樣，

王子聽了心中再度感到非常的鬱悶。
第三次他又跟馬伕偷偷跑去王宮外遊玩，
到了西城門時，
恰好看見一群人抬著一塊板子，
上面躺著一位全身包裹著白布的人，
那人一動也不動，
旁邊的人都在哭泣哀號，
這讓他感到很吃驚！
祂連忙問車夫那是甚麼？
發生了甚麼事？
車夫回答祂說那是「死人」，
每個人走到最後都難逃一死，
死了就會變這樣，
而他的親人們都會因爲他的離開而感到不捨和難過，
此時王子聽了心中充滿了沮喪。
第四次他又跟馬伕偷偷跑去王宮外遊玩，
到了北城門時，
恰好看見一位僧人，
行走安詳，

威儀端莊，
這讓他看了很是驚訝與讚嘆，
祂連忙問車夫那是甚麼人？
車夫回答祂說那是「出家修行人」，
他們為了能夠擺脫世間老病死苦，
而出家修行，
過著簡單的生活，
尋求人生的眞理，
此時王子聽了心中感到充滿了希望與羨慕，
於是王子果斷地捨棄繼承王位，
偷偷跑出王宮出家修行了。
他先跑到當時修行人聚集的樹林裡，
在那裡求師學習眞理，
可是他跟好幾位當時頗負盛名的修行者學習後，
都感到那些名師說的跟他的理念不是很合，
於是他離開了那些人，
獨自一人找了個地方，
細細思索著人生的眞理究竟是甚麼？
有一天，

他在一棵菩提樹下打坐時，

目睹流星劃過天際，

突然他瞭解到了宇宙眞理，

他感到非常驚奇！

他說道，

奇怪呀！

奇怪呀！

一切眾生原來都有佛性，

只是因爲「妄想」、「分別」、「執著」而無法理解眞理。

於是他因爲憐憫眾生的泯然無知，

被生老病死種種煩惱所困住，

宛如牛入泥沼一般地無可自拔，

便開始把他所知道的眞理告訴我們，

並根據弟子們的不同根機說出了許多修行的方法，

適合學打坐的祂就教打坐，

適合學持咒的祂就教持咒，

適合學持戒的祂就教持戒，

適合念佛的祂就教念佛，

等等各種方法，

希望弟子們能學習一種適合自己根機的方法，

持續修行，

越修越深，

如此就能跟祂一樣「進入不可思議的解脫境界」，

一個無法用語言文字和思考所描繪的世界，

這是釋迦牟尼佛對我們的期望。

那時我直覺地認爲，

我要找的答案可能就藏在佛教裡。

我變得更積極去瞭解佛教了。

第 36 章　找尋新的道路——佛教「禪宗」

釋迦牟尼佛說過很多修行方法，

當時我的法緣讓我接觸到《六祖法寶壇經》，

我覺得禪宗論心性很高很妙，

我對禪宗產生了嚮往。

禪宗中國初祖很多人都聽過，

就是「達摩祖師」，

他在「梁武帝」時代從印度來到中國，

後來因梁武帝問了他：「我一生造寺度僧，布施設齋，有何功德？」

達摩祖師回答沒有功德，

惹得梁武帝心裡不高興，

就把達摩祖師冷落了，

之後達摩祖師到河南嵩山少林寺後山的洞裡面壁打坐，

一坐就是九年，

聲名大噪，
把二祖「慧可」引來了，
慧可大師的出家前經歷跟我有點像，
他以前也是一位武將，
也因爲殺了人而被追殺，
不同的是他又把追殺他的人給殺了，
這導致他心理出了問題，
晚上噩夢連連，
他一直在找方法想要解開心結，
於是便來到了達摩祖師這兒，
當時下著大雪，
二祖跪在達摩祖師面壁打坐的山洞前，
他爲了表明自己求法的決心，
他把自己一條手臂給斬斷了，
後來他跟著達摩祖師學道，
得到了達摩祖師的衣缽傳承，
爾後經過三祖、四祖到了五祖弘忍大師時，
有一天從南方來了一位不識字的年輕人，
想要跟著五祖學道，
五祖問他你要學甚麼道？

他回答我要學「作佛之道」，
這位年輕人就是以後赫赫有名的六祖「慧能」。
慧能大師是有神通的人，
他跟人化地建寺，
袈裟往空中一扔，
就覆蓋住整座山頭。
他說過很多有名的話，
經常被後人津津樂道，
比如：
「菩提本無樹，
明鏡亦非臺，
本來無一物，
何處惹塵埃。」
見性之後六祖說：
「何期自性本自清淨，
何期自性本不生滅，
何期自性本自具足，
何期自性本無動搖，
何期自性能生萬法。」

六祖說的雖好，
但那畢竟是六祖境界，
而非我的境界，
禪宗無法理解就會影響修行，
因爲禪法靠得是悟，
這得是「上上根人」修的法。
反觀我自己，
並非上上根人，
恐怕不適合此法，
因爲我實在無法理解其中深奧的見性之理，
有人說心淨則國土淨，
但這個心淨是要達到甚麼程度？
六祖說：
「但淨本心使六識出六門入六塵無染無雜。」
這在現代有幾人能做到？
現代人連基本的定境都沒有，
現代人六識出六門入六塵又染又雜，
就是因爲內心一團混亂，
與六塵一碰就黏，

碰到甚麼就黏甚麼，
根本拔不出來。
我很清楚禪宗並不適合我的根機，
因為我並非上上根人，
自從失去定境之後，
我的內心一團亂，
禪宗法門雖好，
但我修不起來的話對我也是枉然，
當下我毫不猶豫，
立刻捨此法門另尋他法，
不在這上面耽誤太多時間。

第 37 章　找尋新的道路——佛教「密宗」

某次在我從南投「靈巖山寺」下山後，
一時興起，
便沿著公路用走的想走去車站，
一邊走時看到路邊插滿一排旗子，
上面寫著參拜「四面佛」，
我心想「四面佛」是誰？
走著走著竟走到四面佛門口，
我心想既然已經走到這了，
那就順便進去參拜好了，
當時那地方還在蓋，
山坡上搭了一座帳篷，
裡面供奉一尊「四面佛」，
有一位穿著黑色雨鞋的師兄在旁教導如何參拜，
我依序參拜完畢後，
師兄拿了一本書送我，

書名叫做《學佛？學魔？》，
裡面談到妄求神通即是著魔！
這讓我很震驚！
因我當時正在走求神通的道路，
這本書給了我當頭一棒！
之後我便依書上的地址到台北「諾那・華藏精舍」皈依「智敏・慧華金剛上師」，
這是西藏蓮花生大士寧瑪巴傳承，
一開始我並沒有皈依，
而是在那個道場旁觀了三年，
看大家結印、持咒讓我感到很新奇，
三年之後我才決定皈依，
這裡面有個小因緣，
在更早時期我曾讀過一本書，
書名好像叫業力的剖析，
裡面把業力分成得好細，
我讀了深感佩服，
看了看作者是「吳潤江」博士，
心中便對此人生出景仰，
後來才知道吳潤江博士正是「華藏上師」的

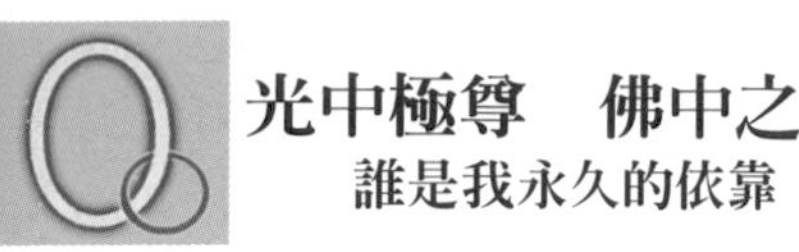

俗名，

　　「華藏上師」是「智敏．慧華金剛上師」的上師，

　　這或許就是緣分吧！

　　當我把上師所教的「四皈依咒」和「金剛心菩薩念誦法」圓滿10萬遍後，

　　打算再向上師請修第三層的密法時，

　　上師已經圓寂了，

　　台北總會的師兄告訴我，

　　我和上師的緣分就到這了，

　　一種是繼續持金剛心菩薩念誦法，

　　不然就要去找新的法門，

　　我思考很久，

　　後來決定找新的法門，

　　於是我再度踏上尋找新法門之路。

第 38 章　聽「淨空法師」電視講經

那時我想起有一次參加「蓮師薈供」時，

聽到智敏・慧華金剛上師推崇「淨空老和尚」的講經說法，

於是我便開始聽淨空老和尚電視講經。

一開始聽的是佛學基礎課程，

之後聽「無量壽經」，

我一直以爲我聽的無量壽經正本，

後來才知道淨空法師講得是「夏蓮居」老居士寫的會集本。

淨空老和尚講經常常令我產生感悟，

後來我問別人，

別人並沒有像我一樣有那麼多的感悟，

我問別人怎麼聽的？

他說用腦子聽用腦子想，

這跟我不太一樣，

我聽經時都是盤腿端坐，

腦子放空，

讓經典義理直接印入我的腦子，

聽經當下我沒在動腦子思考，

或許就是這點差異，

讓我聽經有了較多的感悟，

我經常感悟到的不是經典文字表面寫的那種意思，

而是更深一層的含意。

淨空法師說法雖好，

但有些地方似乎跟我無法契合，

我也不知哪裡出了問題，

但我的修行確實不得力，

我想這是我的問題，

於是我繼續再尋找其他淨土法門的開示。

第 39 章　淨土宗第十三代祖師「印光大師」

印光大師是「大勢至菩薩」化身，
清代咸豐人，
與「虛雲大師」並稱於當世。
祂早年是信儒不信佛的，
後來接觸佛教後才發現佛教的好，
趕緊改正，
自稱「常慚愧僧」。
印光大師是把大藏經都讀完的高僧，
祂指導別人都是用書信，
後人將這些書信編成《印光大師文鈔》，
裡面開示了許多淨土宗修行道理，
我印象最深刻的有：
印光大師說：「數息時從 1 到 10，再從 1 到 10，如此循環反覆。」
這跟我之前學的數息法有點不太一樣。

印光大師又說：「既聞淨土法門，何必再去修數息？」

這讓我感到很震驚！

既聞淨土法門就不必再修數息了？

那不就是表示淨土法門高過數息？

這讓一直以打坐數息爲根本修法的我產生了相當大的好奇，

我開始眞正想要研究淨土教理就是從這開始的。

第 40 章　找尋新的道路——佛教「淨土宗」概述

前面提到淨土有很多，

許多佛都有淨土，

像「藥師佛」的「琉璃淨土」，

「彌勒菩薩」的「兜率內院」，

「阿彌陀佛」的「極樂世界」等等。

淨土雖多，

但淨土世界的教主在我們今生結束時親自來接我們的，

就只有「阿彌陀佛」。

其他淨土都得靠我們自己修行前往。

以下的淨土宗我專指的是「阿彌陀佛的極樂世界」。

所謂淨土宗就是「相信阿彌陀佛，願意今生結束時生到西方極樂世界」的信仰。

淨土宗阿彌陀佛極樂世界的出處：

一是佛自說，見《佛說阿彌陀經》。

一是阿難見問，見《佛說無量壽經》。

一是「韋提希夫人」請法，見《佛說觀無量壽佛經》。

透過「釋迦牟尼佛」說的這三部經，

當時在印度的佛弟子們才知道有「阿彌陀佛」這尊佛，

有「極樂世界」這方淨土，

後來這三部經傳入中國，

中國人開始接觸到阿彌陀佛，

才逐漸認識到阿彌陀佛與極樂世界。

還有許多讚揚淨土的論著也從印度傳入中國，

這對阿彌陀佛的淨土思想在中國傳播起了很大的作用，

其中一位影響最深的就是「龍樹菩薩」。

第 41 章　龍樹菩薩的「易行道」與「難行道」譬喻

前面提到過龍樹菩薩的故事，
龍樹菩薩這個人很有個性，
他的出生是「釋迦牟尼佛」之前有預言過的。
龍樹菩薩自幼聰穎過人，
是學霸級人物，
長大後窮極無聊下，
和友人一起學隱身術，
潛入國王後宮，
把美人肚子搞大了，
他的友人被亂刀砍死，
他本人僥倖逃過一劫，
自此洗心革面，
專心學習佛法，
後來廣造論著，
有「千部論師」之美名。

他有一部著作叫《十住毗婆沙論》，

裡面他提出「易行道」和「難行道」的譬喻，

他說易行如水道乘船，

難行如陸路步行，

他認爲靠自力修行證道是難行道，

而靠佛力念佛得不退轉是易行道。

他自己說龍樹我常念「南無阿彌陀佛」，

他最後是生到西方極樂世界的。

第 42 章　「善導大師」的淨土思想

繼龍樹菩薩之後，
「善導大師」出生於世，
「善導大師」是中國人，
出生於中國唐朝時期，
佛教界公認善導大師是阿彌陀佛化身，
認爲他對淨土的指導才是最正宗的，
可惜的是他的著作在中國歷經三武滅佛後沒了，
近代有人發現他的著作在日本還保留著，
於是有人把他的著作請回來研究，
這一研究可不得了了，
竟然與中國向來推行的淨土思想有很大的差異。
善導大師寫了一本書叫《觀經四帖疏》，
裡面他提出一個說法，
他說：

「望佛（釋迦牟尼佛）本願，
意在眾生，
一向專稱，
彌陀佛名。」
並請諸佛作證，
證明他的說法是正確無誤的。
於是他告訴以後想要求生極樂淨土的人，
都要依照他說的這個標準來修，
相當於是六方諸佛爲他這個說法打上了正字標記，
於是修行變簡單了，
只要「一向專念南無阿彌陀佛」就好了，
不用念其他尊佛，
不用持咒，
不用一直誦經，
不用一直拜佛，
不用一直觀想，
不用一直讚嘆。
這個方法很好，
很廣大，

怎麼說呢？

因爲有些人是文盲不識字，

要他誦經他有困難；

有些人腿腳不好甚至癱瘓，

要他拜佛他做不到。

此外念別尊佛卻求生阿彌陀佛國似乎也有些奇怪，

既然是要求生阿彌陀佛國自然要念阿彌陀佛，

這相當合理。

當我理解這個方法後，

我就修正了我原先的修行方法，

我依照善導大師教導的「一向專稱彌陀佛名」，

感覺心中明確了，

堅定了，

念佛念得越有信心了。

至此我對今生結束後要去哪？

有了明確的目標。

不過我還沒死，

我得繼續在這世上生活，
在這世上我遇到了許多難題，
我還得努力的去面對。

第 43 章　現世生活中我遇到的第一個難題：容易發火

可能是因爲我過去世做武將的關係，
動不動就是跟人打打殺殺的，
我的脾氣很不好，
我也沒想過要克制自己的脾氣，
後來因爲修出了定境，
瞋恚自然被伏住的情況下，
我根本沒有「發脾氣」這種東西，
現在定境一失，
我過去世當武將的惡習全跑出來了，
我發現我的脾氣更壞，
壓不住，
一遇逆境我很容易生氣發火，
控制不住。
台灣是法治社會，
不允許私人養兵，
我也沒有自己的兵，

前世屠城，
我已經忘了是何原因，
但總記得仇人的樣貌，
卻不記得是如何結下仇恨的，
現在想想也沒必要繼續殺來殺去。
眞的遇到怨家的話，
台灣憲法規定人民有仇要請法院仲裁，
不要自己打來打去。
我挺喜歡台灣的，
沒必要破壞社會和諧，
大家都遵守憲法對我也有好處，
至少不用擔心半夜睡覺時或飯吃到一半時仇家帶兵打上門。
說到憲法，
我想在這裡感謝這世上的法國，
感謝法國大革命，
那麼多人流血爲我們帶來了憲法。
因爲我也沒辦法再修禪定了，
面對容易發火這件事，
我是眞的無能爲力，

我就想說阿彌陀佛是不是能幫助我嗎？
我發現靠我自己是眞的不行。
「發火」是當今社會的通稱，
在佛經叫做「瞋恚」，
瞋恚是甚麼？
「瞋」就是怒氣發出來了，
眼珠子都要凸出來了，
「恚」就是心裡不爽，
但沒有發作出來。
過去世我跟人相戰相殺，
只有比狠，
沒在怕的，
我其實也沒有太多想法，
打就打，
死就死，
也沒甚麼，
但今世讀了佛經，
也看到一些人發生的事，
我對瞋恚引發的果報產生了恐懼，
我發現瞋恚其實挺可怕的，

它有可能把自己害到家破人亡，
也把別人害到家破人亡。
下面我把一些我所聽到的，
和讀到的佛經故事說給大家聽。

第 44 章　瞋恚的可怕：星星之火可以燎原——因爲搶停車位變成殺人犯

我有一位同事之前他在監獄工作，
他跟我說，
有一天，
監獄關進來一位殺人犯，
他就問他發生的事，
那位殺人犯說，
他在送小孩上學時，
因爲「搶停車位」這件小事跟人發生口角，
之後一生氣失手把人打死，
他就變成殺人犯了。

想想他的孩子、他的妻子會是多麼的難過啊！

第 45 章　瞋恚的可怕：挑糞挑釁者——改編自大紀元文化網「忍的智慧 挑糞者與徐受天」

有時候你不惹別人，
惡緣會主動找上你，
讓你避無可避，
這時該怎麼辦？
這是我在網路上看到的一篇故事，
我覺得深受啓發。
有一天，
有一位書生在路上遇到一位挑糞桶的人，
兩人撞到一起，
糞還潑到書生身上，
書生雖然生氣但不願多計較，
便轉身離去，
誰知挑糞者不善罷干休，
抓著書生一陣亂打，
書生趕緊逃跑，

後來傳來消息，

挑糞桶的人當天晚上暴斃了。

想想若是書生當時沒跑走，

而是跟挑糞者扭打在一起，

那事後大家一定會認爲挑糞者是被書生打到內傷才死的，

書生恐怕難逃牢獄之災，

進了牢獄之後會發生甚麼事也難料，

老婆會不會因此跟他離婚也難說。

第 46 章　瞋恚的可怕：糾纏多世的虎姑婆

這是佛教《法句經》裡的一篇故事，白話改編自「顯密文庫」「虎姑婆的故事」，

故事是這樣的：

有一位農夫辛勤耕種扶養他的母親，

由於年紀漸長，

他的母親便催促他成婚，

母親每天爲這件事嘮嘮叨叨，

兒子只好答應找個對象結婚。

小倆口結婚過了很久，

還是沒有懷孕，

抱孫心切的母親便提議要兒子娶小老婆，

不孕的女人怕被婆婆找來的小老婆欺負，

所以決定自己爲丈夫找生育的對象。

一般的人都不願意當小老婆，

但是爲了繼承財產，

還是有人接受。

終於找到一位小女孩帶回來當小老婆，
她的任務是生孩子傳宗接代。
大老婆心裡想，
如果小老婆生了兒子，
會獨占財產，
於是產生了忌妒心，
就假意跟小老婆說：
「妳懷孕時一定要先告訴我。」
天真的小老婆答應了她。
不久之後，
小老婆懷孕了，
如約先告訴大老婆。
大老婆煮飯給她吃，
暗中在食物中下了墮胎的藥，
使她流產。
第二次懷孕，
大老婆也是暗地裡下藥，
害她再度流產。
鄰居們覺得可疑，
提醒小老婆。

她想很可能這愚蠢的女人爲了地位及財產的繼承，

產生忌妒心，
眞的在食物中放了藥。
她不再相信大老婆了。
小老婆第三次懷孕，
她決定不再告訴大老婆。
肚子自然一天天地大起來。
等到大老婆發現時，
胎兒已經相當大。
大老婆責怪她沒有履約早先告知。
小老婆反唇相譏：
「是妳自己找我來的，
可是妳卻害我兩次墮胎流產，
如今我知道妳不懷善意，
我爲什么還要告訴妳？」
胎兒在孕婦腹中日益長大，
大老婆心有不甘，
依舊伺機下毒，
迫使小老婆發生早產，

生產困難，
產婦痛苦不堪，
瀕臨死亡之時，
滿懷怨恨地痛罵大老婆：
「是妳自己帶我來這個家庭的，
卻害我如此淒慘，
不但三次加害我的小孩，
現在我也快要死了。
在死之前我發誓：
將來我要當一位虎姑婆吃妳的小孩。」
小老婆滿懷瞋怨地斷氣了，
她死後轉生爲一隻貓，
投生在原來的家中。

當丈夫知道大老婆殘忍地害死三個小孩以及小老婆時，
就狠狠地揍她，
在頭部、脖子、腰身亂打亂踢，
終於把老婆打死了。
大老婆就在這裡轉生爲一隻母雞。
母雞長大了，

當牠開始生蛋，
貓就來吃掉。
第二次母雞生蛋，
貓又來吃。
第三次，
不僅吃雞蛋，
也想吃母雞。
貓攫住母雞，
母雞經過一番痛苦掙扎之後，
心想：
我死了以後，
也希望將來有機會吃牠的小孩。
滿心怨恨的母雞死了以後，
轉生爲豹。
貓後來死亡出生爲鹿。
鹿長大以後，
有三次生出的小鹿被豹吃掉了。
最後一次還抓住母鹿。
鹿臨死之前心想：
將來我也要吃牠的小孩。

於是鹿變成了虎姑婆。
後來豹轉生爲舍衛城的一位女孩子，
當她結婚成家以後，
虎姑婆化身爲她的親密朋友。
她懷孕生產時，
虎姑婆來了，
假裝關懷地說：
「妳生了男孩還是女孩？
讓我看看！」
虎姑婆進入房裡，
一看到小嬰兒，
抓起來就吃掉。
第二次也這樣。
第三次要生產的時候，
這個女人告訴丈夫說：
「這裡有一個可怕的虎姑婆，
已經吃掉了我的兩個孩子，
我不想在這裡生產，
我要回娘家去。」
那時虎姑婆正在忙，

沒有立刻趕來。
忙完事情再來時，
找不到他們，
就向鄰居打聽說：
「我的朋友去哪裡？」
鄰居們告訴她：
「這裡有一個虎姑婆，
專門吃小孩子，
她不願在這兒生產，
已經回娘家去了。」
虎姑婆決定等她回來的時候，
再來吃她的孩子。
這個女人生產過後準備回家，
途經給孤獨園的寺院，
忽然看見虎姑婆遠遠地走過來，
她嚇得大聲叫喚丈夫：
「虎姑婆來了，我們快走吧！」
於是他們倉皇逃進了寺院。
當時佛陀正在說法，
女人惶恐地將嬰兒放置佛陀足前，

哀求說：

「我已經將這嬰孩交給您了，請救救這個小孩！」

寺院裡的護法神將虎姑婆擋在外面，

佛陀命阿難去叫她進來。

一看見虎姑婆進來，

這個女人便著急地大聲嚷道：

「她來了，她來了！請救救我的孩子！」

佛陀安慰她說：「妳不要緊張也不要害怕。」

虎姑婆進來以後，

佛陀向她們闡明：

倘若今天沒有來到這裡，

妳們的瞋恨心會像烏鴉與貓頭鷹或蛇與老鷹那般，

彼此的仇恨永遠無法解決。

唯有明白善心、包容心和友誼，

才能化解冤冤相報的瞋恨心。

佛陀即說偈言：

「於此世界中，從非怨止怨，

唯以忍止怨，此古聖常法。」
她們聽了佛陀的教示，
就此放下仇怨，
成爲眞正的好朋友。
聽聞者莫不同沾法益。
這讓我恍然大悟，
原來冤家是從親人變來的，
難怪佛說「冤親平等」。

第 47 章　瞋恚的可怕：眾生殺業不止、戰爭不會停止——琉璃王子的復仇

「琉璃王子的復仇」，

這是一篇佛教故事，出自《法句經故事集》

故事是這樣子的：

在很久以前有一個漁村，

村裡有 1 個大魚池，

有一天村裡的人們把池裡最大的魚王和其他小魚都抓起吃掉了，

後來大魚投胎到印度某國做了王子，

漁夫們投胎成爲印度釋迦族，

琉璃王子後來罷黜他的父王自立爲王，

並率兵攻打釋迦族，

把釋迦族滅了。

佛陀曾在大軍經過的路上三次阻止琉璃王的軍隊，

但是沒用，

目犍連尊者施展神通也救不了釋迦族，

復仇完畢之後的琉璃王也沒有多好，

他和軍隊在回程的路上都被洪水淹沒。

大家或許都有聽過「不是冤家不聚頭」這句話，

是否有想過冤家跟我們聚頭前他們住在哪？

那些被我們殺害的眾生，

他們是投胎到其他世界還是投胎到鄰近國家？

等他們長大後再殺過來？

第 48 章　感恩護法把我的手抓住了

有一次我因爲跟人起口角，
我氣得要打人，
突然我發現我的雙手好像被甚麼抓住一般，
無法揮拳，
結果就是我被打了，
還無法還手。
當時我很氣，
想說媽的，
爲何我的手好像被抓住不能動了？
後來我漸漸懂事，
才知道那是一件好事，
抓住我的可能是護法，
萬一我把人打傷了，
我要賠醫藥費；
萬一我把人打死了，
我要去坐牢。

感恩護法把我的手抓住，
讓我沒有鑄下大錯。

第 49 章　兩隻螃蟹引發的思考：人們奇怪的病痛從哪裡來？

我讀大學期間發生一件奇怪的事讓我印象特別深刻，

當時我想學「放生」，

便到市場買了 2 隻螃蟹放在水桶裡，

想著找時間去倒在河裡放生，

但我有點懶得換水導致這 2 隻螃蟹死掉，

那時我心裡想說不好意思，

但死了就算了，

便把牠們裝進塑膠袋，

在騎車經過學校側門的垃圾車時，

順手把它們扔進垃圾車裡，

沒想到突然從垃圾車裡飛出 2 個像小指甲大小的白色光點，

以極快的速度呈弧形軌跡向我飛過來，

打在我的額頭上，

我當時痛得眼淚都要留下來了，

那種痛不是手腳撞到桌子那種痛，

是痛在骨子裡抓不到的那種無法形容的痛，

當時我以爲痛一下子自己就好了，

但是沒有！

痛了 1 天，

下課後我趕緊去垃圾車裡把 2 隻螃蟹屍體請出來，

趁沒人注意時，

拿到校園裡認真地挖個坑把他們安葬，

然後一直對著他們唸「阿彌陀佛」，「阿彌陀佛」，

疼痛才慢慢消失。

這不禁讓我想起現代人經常莫名地這裡痛那裡痛的，

去醫院又檢查不出原因，

會不會跟這個有關係？

第 50 章　殺生的果報

佛說：「殺生者，當入地獄、餓鬼、畜生，
即生人中，得殘廢、短命、多病的苦報。」
我在想我小時候體弱多病，
會不會跟前世殺生過多有關？

第 51 章　禱告的妙用

前面說到我因爲對天主的來歷產生疑惑，

這有點影響我對天主的信仰，

但是信天主教時我對禱告這件事還是很熱衷的，

我每天晚上睡前都會禱告，

我也很喜歡禱告，

這讓我感覺跟神很親近。

後來我的學習重心逐漸轉向佛教，

佛教似乎沒有在教人禱告的，

所以我一直認爲佛教不能禱告，

直到有一天我聽到了星雲大師向佛陀的祈禱文，

跟禱告很像，

我才知道原來也可以禱告。

於是我開始跟阿彌陀佛禱告，

漸漸地我發現我跟阿彌陀佛的關係好像越來越親近了，

不像從前總覺得阿彌陀佛跟我有距離，

沒有甚麼感覺。

我的禱告文如下：

「敬愛的阿彌陀佛，

感恩您將您兆載永劫修行的功德，

融入名號賜給弟子（我），

讓能夠稱念您名號的弟子（我），

能夠在這茫茫的生死大海中得到解脫，

非常的感恩您，

弟子在此竭誠的祈願，

願您能做弟子生命的救主，

心靈的導師，

引導弟子一步步走向您的懷抱，

感恩您。

南無阿彌陀佛。

南無阿彌陀佛。

南無阿彌陀佛。」

…………………………………………………………

平時遇到惡緣、逆緣讓我想發火時，

我都會馬上向阿彌陀佛禱告，

請祂幫助我處理這件事，

將我的煩惱交給他來辦，
就比較不容易發太大的火，
事情過去了也比較容易忘掉，
不會一直糾纏著我。

第 52 章　我遇到的第二個難題：色慾難控制

有時候走在馬路上看到美女，
我的眼睛有時會被吸住挪不開。
現代日本色情片氾濫，
網路又一直跳出來，
有時也會忍不住點進去偷看，
一看就被吸住。
我發現靠我自己是不行，
於是我想說佛是如何看待色慾？如何處理色慾的？

第 53 章　不淨觀——羅漢觀蟲

我曾經看過一篇佛教故事，
好像是說有一位阿羅漢，
有一次去托缽化緣時，
開門的是一位超級大美女，
阿羅漢看到了就感覺到被吸住了，
此時阿羅漢馬上觀想這位美女臉上破了一個小洞，
小洞中鑽出一隻蟲子，
啃食美女的臉，
把她的臉都啃爛了，
色心就淡了許多。

第 54 章　狄仁傑修不淨觀

武則天時的宰相狄仁傑，
也是修不淨觀的人，
他有一首詩寫得很好：
「美色人間至樂春，
我淫人婦婦淫人，
色心狂盛思亡婦，
遍體蛆鑽滅色心。」

第 55 章　感謝護法的提醒

有幾次我看色情片過頭了，
我身邊就會有東西掉下來，
或是出現奇怪的聲音，
嚇得我趕緊關掉，
感恩護法的提醒。

第 56 章　色慾不忍會怎樣？

佛說：最大的問題就在於我們有了這個肉身。

有了肉身之後：

「宿世爲女時，見男便歡喜；

今世爲男人，又愛女人體。」

佛又說：「邪淫者，當入地獄、餓鬼、畜生，即生人中得不貞良妻，不如意眷屬的果報。」

這個問題確實挺麻煩的。

第 57 章　把色慾交給彌陀辦

我以前一直認爲修行是要靠自己，
靠自己持住戒，
靠自己降服貪欲、瞋恨，
靠自己斷煩惱、得解脫。
但一路走來發現眞的是太難了，
看不到希望。
後來看到「善導大師」的「二河白道喻」，
才知道原來還有另一種方法，
那就是依靠「阿彌陀佛」，
不用管自己的「貪慾」和「瞋恨」，
「只管念佛」求生淨土，
我過去的罪業彌陀替我擔了，
彌陀能保護我，
專修念佛的人雖然還是貪瞋煩惱的凡夫，
但是沒有妨礙。
「釋迦牟尼佛」也認同這個方法，
釋迦牟尼佛叫我們趕快依靠「阿彌陀佛」威神力超越苦海。

第 58 章　業障是甚麼？

「業障」是指惡業形成的障礙，
是從我們身、口、意造作惡業所產生，
由宿世所作惡業而招致今世的障礙。
《大寶積經》云：
「假使經百劫，所作業不亡，
因緣會遇時，果報還自受。」

第 59 章　我的殺業業障現前了

過去世殺害這麼多生命，
今世又殺了這麼多昆蟲，
該來的總是會來的，
有一天我看到心口處突然出現了一個黑色漩渦，
它不停的漩轉著，
不斷吞噬著我的內在能量，
我感到不妙，
因爲漩渦是黑色的，
我明白那是惡業，
過去世所造的惡業現前了，
以我當時的能力根本抵擋不住，
我的身體狀況越來越差，
當時的狀況很糟，
我感到內在的自己一直在快速往下墜落，
速度快的嚇人，
彷彿一日千里，
當時我很無助，

不知該怎麼辦，
每天憂心忡忡，
這種狀況持續了好一陣子。

第 60 章　「地藏菩薩」拉了我一把，把我交給「阿彌陀佛」

我當時是信仰地藏菩薩的，
家中供有地藏菩薩，
那時我還沒皈依阿彌陀佛。
有一天，
我心中忽然感到有人在拉我，
把我往上拉，
我下墜的姿態頓時止住，
我感覺是地藏菩薩在拉我，
地藏菩薩拉住我的手，
止住了下墜，
還一直把我往上拉，
一直往上拉，
上方竟然是阿彌陀佛，
阿彌陀佛並未現出形象，
但我感到那就是「阿彌陀佛」，
地藏菩薩將我拉到阿彌陀佛下方一點，

親手把我的手交到阿彌陀佛手上，

那一剎那我感覺到阿彌陀佛的手突然變成了一個鐵環，

我的手也變成一個鐵環，

兩個環緊緊相扣，

我死死的扣住阿彌陀佛手變成的鐵環，

不敢放手，

死死的扣住不放！

深怕一放手又繼續下墜，

當時我心理眞的是好感動好感動，

原來地藏菩薩和阿彌陀佛都在關心著我，

看到我眞的快不行了，

他們就會出手相救，

那時我心裡狠狠的告訴自己，

「兩環緊緊扣住已成死環打不開」，

「我從今往後絕不再放開阿彌陀佛的手」！

之後我在家中的佛堂也供了阿彌陀佛。

第 61 章　誰是我永久的依靠？

漸漸的，
我知道了，
「阿彌陀佛」是我永久的依靠！
危難中，
彌陀不捨棄我；
困厄中，
彌陀負荷著我；
我忘記祂時，
祂沒忘記我。

第 62 章　我成爲了彌陀弟子

於是我雙手合掌「稱名自歸」：

「一心歸命

極樂世界

阿彌陀佛

南無阿彌陀佛

南無阿彌陀佛

南無阿彌陀佛」

自此我成爲了彌陀弟子，

我獲得了新生。

我像觀世音菩薩一樣稱阿彌陀佛爲「本師阿彌陀佛」。

於是我有了兩位本師，

一尊是「釋迦牟尼佛」，

我對世尊是充滿了感恩，

因爲祂讓我認識了阿彌陀佛。

一尊是「阿彌陀佛」，

我對彌陀是充滿感恩且永遠追隨。

第 63 章　大勢至菩薩的心願——「攝念佛人，歸於淨土」

大勢至菩薩是西方三聖之一，

祂跟觀世音菩薩都是阿彌陀佛的助手，

祂從西方極樂世界來到此地做甚麼呢？

祂說：「今於此世，攝念佛人，歸於淨土。」

人人都能成爲大勢至菩薩的助手。

人人都能宣揚念佛法門。

宣揚念佛法門者必得「大勢至菩薩」的眷顧，

亦必得「阿彌陀佛」與「觀世音菩薩」的眷顧。

若您也想加入宣傳行列，

成爲大勢至菩薩的助手，

或是有寶貴意見想要提供給我，

歡迎來信：xingxiaowanglu857@gmail.com

附錄：《佛說阿彌陀經》白話——摘自「報佛恩網」

這部經是我阿難親自聽佛陀宣講的。

有一天，釋迦牟尼佛在舍衛國，祇樹給孤獨園裡說法，在場的有佛陀的常隨弟子出家眾一千兩百五十人。這一千兩百五十人都是大阿羅漢，德行高尚，爲眾人所熟知的。這些人包括了：長老舍利弗、摩訶目犍連、摩訶迦葉、摩訶迦研延、摩訶俱絺羅、離婆多、周利槃陀伽、難陀、阿難陀、羅侯羅、憍梵波提、賓頭盧頗羅墮、迦留陀夷、摩訶劫賓那、薄拘羅、阿菟樓馱等佛陀的大弟子。此外，還有文殊師利菩薩、阿逸多菩薩、乾陀訶提菩薩、常精進菩薩等許多大菩薩；另外還有釋提桓因等無數的天人都在場聽法。

這時，佛陀告訴長老舍利弗說：在這世界的西方，越過十萬億佛土有一個世界叫做極樂國。那裡有一尊佛叫阿彌陀佛，現在正在說法。舍利弗，你知道那地方爲什麼叫極樂國嗎？因爲那裡的眾生只有快樂而沒有眾苦，所以叫做極樂。

舍利弗，我再告訴你極樂國的周圍有七道帷欄，空中有七層羅網，地上有七重排列整齊的樹木；四面八方都是珍寶圍繞，所以叫做極樂。

舍利弗，我再告訴你，極樂國裡有七寶池，池裡充滿了八功德水；池底滿舖著金沙。池四邊的階道都是用金銀、琉璃、玻璃砌合而成。上面還有樓閣，也都是金流銀楣，玉階瓊壁，更有琉璃硨磲，赤珠瑪瑙，裝飾著寶殿瑤宮，真有說不出的莊嚴華麗。池中的蓮花開得同車輪一般大，色澤有青的、黃的、紅的、也有白的；各自放出同色的光彩，微妙香潔。舍利弗，極樂國這地方成就了如上所說的功德莊嚴。

舍利弗，我再告訴你，在極樂國裡，空中時常發出天樂，地上都是黃金舖飾的。有一種極芬芳美麗的花稱爲曼陀羅花，不論晝夜沒有間斷地從天上落下，滿地繽紛。那個國裡的眾生每天早晨起來，用他們的衣裓盛裝各種天華，送到十方世界供養諸佛；到吃飯的時候再回來。飯後隨意地散步行道。舍利弗，極樂國成就了如上所說的功德莊嚴。

舍利弗，我再告訴你，那個國度還有各種不同顏色的奇異禽鳥：包括白鶴、孔雀、鸚鵡、舍利、歌聲輕妙的杜鵑鳥，以及一身兩首的共命鳥。這些禽鳥，日夜不停地唱著和雅的歌聲；從他們的鳴聲中，演暢五根五力、七菩提分、八聖道分等種種微妙的道理，使那個世界的眾生聽了，都會不期然地發起念佛念法念僧的心。

舍利弗，你不要以爲這些禽鳥是因罪報而轉世的。爲什麼呢？因爲極樂國裡沒有畜生、餓鬼及地獄的三惡道，甚至連三惡道的名稱也沒有。這些禽鳥都是阿彌陀佛的願力變化而成，用歌聲來感化眾生的。

舍利弗，極樂國中還有一種清妙的聲音，這聲音是微風過處，吹動許多寶樹和許多珍寶羅網所發出來的微妙音聲，好像是千百種音樂同時並作，使人聽了也會不期然地發起念佛念法念僧的心。舍利弗，極樂國成就了如上所說的功德莊嚴。

舍利弗，你可知道那尊佛爲什麼叫阿彌陀佛

嗎？那是因爲他的光明無量，照遍十方毫無阻礙，所以叫做阿彌陀佛；還有一個原因是：因爲他的壽命和極樂國眾生的壽命都是亙久無盡的，所以名叫阿彌陀佛。阿彌陀佛自從成佛以來，到現在已歷經十劫了。

阿彌陀佛有無量的阿羅漢弟子，數目之多數也數不盡；也有無量的菩薩弟子，數目之多同樣數也數不盡。舍利弗，極樂國成就了如上所說的功德莊嚴。

舍利弗，往生到極樂國的眾生，都是阿鞞跋致，即不退轉，其中很多將在當生就會成佛的；其數多得不能用數字來計算，只能說是無量無邊的了。

舍利弗，所有眾生聽到這個極樂國後，都應該發願往生到那裡去。爲什麼呢？因爲到了那裡，可以和許多上善人同居一處！

舍利弗，眾生只具備少許善根、福德、因緣是不得往生極樂國的。假使有善男子或善女人聽到阿彌陀佛，能至誠懇切地執持名號，若一天、若兩天、若三天、若四天、若五天、若六天、若七天，能一心不亂；等到壽命終了時，阿彌陀佛就會同其他聖眾現身在他（她）面前，使該人臨終時心不顛倒，即得往生阿彌陀佛極樂國土。

舍利弗，我看見極樂國有如此多的得利之處，所以告訴你們；假使有眾生聽聞這番話，就應該發願往生極樂國。

舍利弗，此刻不只我在讚嘆阿彌陀佛的不可思議的功德之利，此外，在東方有阿閦（音同觸ㄔㄨˋ）鞞佛、須彌相佛、大須彌佛、妙音佛等；南方世界有日月燈佛、名聞光佛、大燄肩佛、須彌燈佛、無量精進佛等；西方世界有無量壽佛、無量相佛、無量幢佛、大光佛、大明佛、寶相佛、淨光佛等；北方世界有燄肩佛、最勝音佛、難沮佛、日生佛、網明佛等；下方世界有師子佛、名聞佛、名光佛、達摩佛、法幢佛、持法佛等；上方世界有梵音佛、宿王佛、香上佛、香光佛、大燄肩佛、雜色寶華嚴身佛、娑羅樹王佛、寶華德佛、見一切義佛、如須彌山佛等；各方都有多得像恆河沙一般的佛，各在各自的國度裡，以無量辯才講經說法，在三千大千世界裡，要眾生們能相信極樂世界種種不可憒議的功德，和一切諸佛所護念的這部經。

舍利弗，你知道嗎？爲什麼叫做一切諸佛所護念的經呢？若有善男子善女人聽到這部經而能接受不疑、持久不移，或者聽到上述六方許多佛的名號的這許多善男子善女人，就能得到一切佛的護念，都能不生退轉心，決定可以達到無上正等正覺。所以你們都應當聽信並接受我和其他佛所說的話。

舍利弗，假使有人已經發願或是正在發願、或是將要發願想往生阿彌陀佛極樂國，這些人一定能不退道心而證得無上正等正覺。已發願的必已到了極樂國；正發願的今生將到極樂國；將要發願的，未來可往生極樂國。舍利弗，善男子善女人若相信極樂國，就應該發願往生。舍利弗，如同此刻我在這裡稱讚許多佛不可思議的功德，這許多佛也在各自的國度裡稱讚我不可思議的功德。

他們說：釋迦牟尼佛能做極爲困難很少人能做的事，他能在娑婆世界這個五濁惡世，包括劫濁、見濁、煩惱濁、眾生濁、命濁中，證得無上正等正覺，爲所有眾生宣說一切世冒不易相信的微妙道理。

舍利弗，你要知道我在這五濁惡世之中做這種不易做的事，證得無上正等正覺爲一切世間宣說這種微妙難明的道理，這實在是很難的呢！釋迦牟尼佛說完了法後，舍利弗和佛陀常隨弟子比丘以及一切世間的天、人、阿修羅等，聽了佛陀的話，都很歡喜、相信佛陀的指示，對佛頂禮而去。

國家圖書館出版品預行編目資料

光中極尊　佛中之王：誰是我永久的依靠／天界轉世著.　--初版.--高雄市：周友利，2024.2
面；　公分
ISBN 978-626-01-2075-7（平裝）
1.CST: 佛教修持
225.87　　112020348

光中極尊　佛中之王：誰是我永久的依靠

作　　者　天界轉世
出版發行　周友利
　　　　　電郵：xingxiaowanglu857@gmail.com
設計編印　白象文化事業有限公司
　　　　　專案主編：黃麗穎　　經紀人：徐錦淳
經銷代理　白象文化事業有限公司
　　　　　412台中市大里區科技路1號8樓之2（台中軟體園區）
　　　　　出版專線：（04）2496-5995　　傳真：（04）2496-9901
　　　　　401台中市東區和平街228巷44號（經銷部）
　　　　　購書專線：（04）2220-8589　　傳真：（04）2220-8505
印　　刷　基盛印刷工場
初版一刷　2024年2月
定　　價　299元